27
Ln 14059.

LE PRÉSIDENT

MESNARD

1859

BIBLIOTHÈQUE IMPÉRIALE IMPR.

LE PRÉSIDENT

MESNARD

M. Mesnard (Jacques-André) est né à Rochefort-sur-Mer (Charente-Inférieure) le 11 novembre 1792. Dès son bas âge, le jeune Mesnard annonçait une intelligence peu ordinaire; ses premières études furent signalées par des succès constants, et, à mesure que les travaux auxquels il se livrait prenaient plus d'importance, il obtint sur ses condisciples une supériorité de plus en plus significative. Dès cette époque, à des goûts plus austères et plus sérieux, il alliait celui des beaux-arts et de la poésie; l'étude des sciences mathématiques eut aussi de vifs attraits pour lui, et ce penchant fut assez marqué pour que l'on crût y reconnaître les indices d'une vocation spéciale.

A dix-sept ans il commença son droit à la Faculté de Poitiers, sous le patronage honorable de M. le procureur général Béra, qui lui témoigna beaucoup d'intérêt et d'affection.

A vingt ans, c'est-à-dire le 18 janvier 1813, il prêtait le serment d'avocat.

Aucun doute ne pouvait s'élever dans son esprit sur le lieu qu'il choisirait pour exercer la noble profession qu'il avait embrassée. Rochefort s'offrit naturellement à sa pensée; son père, décédé alors depuis trois ans, avait laissé au tribunal de cette ville, auquel il avait été attaché en qualité de greffier, d'honorables souvenirs. Sa mère et son frère s'y trouvaient encore; enfin c'était sa ville natale.

Le 10 juin 1813, à l'âge de vingt ans et quelques mois, M. Mesnard plaidait sa première cause devant le tribunal de Rochefort; deux mois après, il portait la parole dans une affaire grave en séparation de corps contre un adversaire capable et expérimenté, et le triomphe le plus complet couronnait ses efforts.

Quelques années suffirent pour mettre en relief cette nature d'élite. Sa réputation grandit avec ses succès. Une parole facile, élégante, spirituelle, fit de M. Mesnard, aussitôt après ses débuts, un avocat habile, et la confiance lui arriva de toutes parts. C'est un rare privilége de pouvoir au barreau, dans des discussions sérieuses et arides, répandre du charme et se faire écouter; ce privilége, M. Mesnard, dès cette époque, le possédait au plus haut point.

Il y avait trois ou quatre ans à peine que M. Mesnard avait fait ses débuts à Rochefort lorsqu'une grande catastrophe maritime éclata. La frégate de l'état *la Méduse* se perdait au loin, après des malheurs inouïs, et son commandant, M. de Chaumareyx, était accusé d'avoir, par impéritie ou fausses manœuvres, occasionné le fatal événement. Le jeune Mesnard fut chargé de la défense du commandant devant le conseil maritime assemblé dans l'arsenal de Rochefort; il se fit assister, pour la partie technique, d'un capitaine de vaisseau, et il parvint à écarter la peine grave qui menaçait son client.

Quelque temps après, une conspiration éclatait dans le département des Deux-Sèvres. Le général Berton était à la tête des conjurés; arrêté et traduit devant la Cour d'assises de Poitiers, il choisit pour défenseur M. Mesnard; mais à cette époque un avocat ne pouvait plaider hors de son tribunal sans l'autorisation du garde des sceaux; cette autorisation ayant été refusée, M. Mesnard ne put accepter la mission qui lui avait été confiée.

Le 1er septembre 1819, une ordonnance du roi nommait M. Mesnard juge suppléant au tribunal de première instance de Rochefort; il conserva ces fonctions jusqu'au jour où il cessa d'appartenir au barreau de Rochefort.

Le travail de cabinet et les plaidoiries n'absorbaient pas tous les instants de M. Mesnard; sa facilité était si grande qu'il pouvait encore apporter au dehors son contingent de lumières. C'est ainsi qu'il fit partie des sociétés d'agriculture, belles-lettres, sciences et arts de Rochefort; son nom figura jusqu'à la fin de sa vie en tête des membres honoraires de la société actuelle.

Lorsque la révolution de 1830 vint à éclater, M. Mesnard faisait partie du conseil municipal de Rochefort. Il

ne s'était fait aucune illusion sur les tendances funestes
du gouvernement de la restauration, qui compromettaient
des conquêtes que le pays avait le droit de regarder
comme définitives. Toute l'autorité morale qu'il pouvait
exercer sur ses concitoyens fut employée à ménager sans
trouble, sans représailles, la transition entre le régime
qui finissait et l'ordre de choses nouveau qui semblait
assurer de solides garanties et offrir une transaction honorable que tous les partis pouvaient accepter.

Appelé, le 26 août 1830, par le gouvernement de juillet
aux fonctions de premier avocat général près la Cour
royale de Poitiers, il se fit remarquer dans plusieurs affaires civiles par des conclusions où brilla sa parole nette
et précise, qui s'alliait à une science du droit déjà profonde. Devant la Cour d'assises, il eut à soutenir l'accusation dirigée contre le gérant d'un journal influent,
coupable de s'être associé trop hardiment aux passions
politiques d'où venait de sortir, en Vendée, une impru-
dente tentative qui, après avoir débuté par une menace
de guerre civile, finissait comme une aventure. En face
d'adversaires animés par l'exaltation que leur inspirait la
récente audace de leur parti, M. Mesnard soutint avec
énergie et habileté la lutte transportée dans le champ
clos de l'audience; son réquisitoire fut étincelant d'esprit, puissant de raison, achevé de forme, et le jury ré-
pondit complétement à l'appel qui lui était fait avec une
si ferme loyauté.

En 1831, peu de temps après ses débuts dans les fonctions du ministère public, M. Mesnard faisait paraître un
volume intitulé *De l'Administration de la Justice crimi-*

nelle en France. La circonstance qui détermina dans la pensée de l'auteur la publication de cet ouvrage, entrepris à la fin de l'année 1829, fut la formation d'une commission chargée de préparer la révision de nos codes criminels. Sur bien des pages de ce travail avait passé le souffle de jeunes et ardentes convictions; on pouvait y reconnaître les inspirations de ce libéral esprit de réforme qui avait suggéré aux philosophes et aux publicistes du dernier siècle leurs plus vives et leurs plus justes réclamations, et qui se caractérise par des efforts, tentés parfois avec bonheur, souvent avec plus de chances de mériter le succès que de l'obtenir, pour rendre praticable ce qui est généreux, et pour faire que de nobles idées et de beaux desseins, après avoir été l'honneur de l'esprit humain, deviennent la conquête et l'apanage inaliénable des sociétés civilisées.

Le but principal que poursuivait M. Mesnard était l'augmentation du nombre des cours d'assises. Il est permis de croire à cet égard qu'aujourd'hui surtout, et par suite des grands changements produits par l'adoption de voies de communication d'une nature nouvelle, d'autres raisons, venant s'ajouter à celles qui avaient contribué à faire maintenir l'organisation actuelle des tribunaux criminels, ont atténué les inconvénients signalés par M. Mesnard, et diminué la valeur des arguments par lesquels il s'efforçait de les faire ressortir et d'en amener la suppression.

Autour de cette idée fondamentale se groupaient un certain nombre de propositions accessoires, telles que l'abréviation de la durée des détentions préventives,

l'extension de la juridiction des juges de paix, le perfectionnement de l'institution du jury. Sur ces divers points,
les gouvernements qui ont présidé successivement aux
destinées du pays et, plus qu'aucun autre, le gouvernement actuel, ont répondu aux vœux d'amélioration que
formulait alors M. Mesnard. Il est un point surtout auquel
il attachait une grande et légitime importance, c'est
l'augmentation des traitements des magistrats inférieurs,
réforme qui, dans la pensée de M. Mesnard, se trouvait
liée à la réduction du nombre des tribunaux, et qui paraît
destinée à triompher complétement dans un très-prochain
avenir, en se rattachant peut-être à une combinaison différente. Les vives paroles par lesquelles l'avocat général
de Poitiers soutenait la nécessité de cette sage mesure
n'ont rien perdu de leur opportunité[1].

Si, à Poitiers, M. Mesnard avait rencontré des adversaires politiques excités par la mémoire d'une grande
défaite et par la persistance des regrets qui les rame-
naient vers le passé; à Grenoble, où la confiance du roi
l'appelait, le 22 septembre 1832, à diriger, en qualité de
procureur général, le parquet de la Cour, il était destiné
à lutter contre les efforts d'un parti chez lequel les évé-

---

1. « J'ai toujours vu avec peine qu'il n'y ait pas de si mince commis
« de la moindre administration qui, sous ce rapport, ne fût mieux traité
« qu'un juge de première instance; et cependant, dans un gouvernement
« où l'ordre judiciaire tient tant de place, jamais l'argent du trésor public
« saurait-il être mieux employé qu'à fournir aux ministres de la justice
« des traitements qui leur permettent de vivre décemment, dans l'aisance
« et à l'abri de toute séduction? Si pauvre qu'il soit, je n'ai jamais eu l'idée
« qu'un magistrat pût se laisser corrompre; mais cette idée que je n'ai
« pas, il faut qu'elle ne vienne à l'esprit de personne. Il ne suffit pas que
« le magistrat soit incorruptible, il faut, pour le bien de la justice, que le
« public le croie incorruptible... »

nements politiques récemment accomplis avaient fait naître des espérances immodérées, et très-disposé à hâter la marche naturelle des choses par l'impatience de prendre possession d'un avenir qu'il croyait promis à ses doctrines et à ses ardeurs. Dans les discours de rentrée qu'il prononça en 1832 et 1833, et qui furent très-remarqués, M. Mesnard avait su prendre vis-à-vis des défenseurs exagérés de ce parti une position nette et franche, la seule qui lui convînt, la seule qu'il acceptât; il avait insisté particulièrement sur cette idée que les lois sont un abri et une protection pour tous, et non pas seulement un bouclier destiné à couvrir le pouvoir, et que, dans le respect commun qu'elles devaient leur inspirer, les partis trouvaient une défense réciproque et les meilleures conditions d'une commune sécurité. Il appartenait aux esprits modérés de se maintenir sur ce terrain si large où M. Mesnard les invitait à concentrer une lutte qui aurait la bonne foi pour mobile et le bien public pour but; mais un petit nombre d'esprits extrêmes devait s'y trouver à l'étroit et chercher les moyens de franchir des limites que le procureur général de Grenoble était bien décidé à protéger contre les tentatives de la violence et de la ruse. Aussi l'insurrection formidable qui éclata en 1834 dans la ville de Lyon eut-elle son contre-coup à Grenoble : les fauteurs de troubles y épiaient la nouvelle d'un triomphe décisif de la cause républicaine, et n'attendaient que le signal d'un soulèvement. Le procureur général avait à supporter le poids d'une responsabilité d'autant plus lourde que les communications avec Paris étaient interceptées, et que nulle instruction officielle, nulle direction supérieure ne pouvaient consacrer et sanctionner immédiatement son initiative. Son attitude calme et résolue fut pour beaucoup dans le maintien de la paix publique; une tentative d'insurrection mal combinée ne trouva aucun appui sérieux, et avorta complétement. Sur les réquisitions de M. Mesnard, la Cour royale évoqua l'instruction de cette affaire, durant laquelle le procureur général mit tout son zèle à faire opérer l'arrestation des vrais coupables. Du reste, il ne lui appartint pas de la suivre jusqu'au bout; car la Cour des Pairs, faisant fonctions de cour de justice, évoqua la connaissance des troubles de Grenoble et des délits de presse qui s'y rattachaient. Néanmoins M. Mesnard eut à poursuivre devant la Cour d'assises le gérant du principal journal de Grenoble, sous une inculpation de compte rendu infidèle qui se liait aux mêmes événements. La discussion fut très-animée; M. Mesnard put donner de nouvelles preuves de son talent oratoire, et obtint devant le jury un succès qui fut ratifié par l'opinion publique.

Une lutte judiciaire d'une nature toute différente avait permis à M. Mesnard de se concilier de respectueuses sympathies et de conquérir des admirations sincères. On ne saurait mieux faire, à cet égard, qu'emprunter le récit d'un brillant, ingénieux, et trop souvent paradoxal écrivain, qui, passant par Grenoble en 1837, y trouvait la surprise et le charme aussi vivants et aussi puissants, après un intervalle de quatre années, qu'ils furent au premier jour.

« Ce dernier (M. Mesnard) a laissé dans le pays une « réputation de haute éloquence, et ce qu'il y a d'in-

« croyable, c'est qu'on dit que cette éloquence était
« simple, naturelle, et n'avait d'autre affectation qu'un
« excessif néologisme.

« Dans un procès célèbre, où une femme jeune, jolie
« et pieuse demandait à être séparée de son mari, l'in-
« térêt était si vif, que, dès huit heures du matin, les
« dames de Grenoble occupaient toutes les places de la
« vaste salle d'audience. M. Hennequin parla fort bien le
« premier jour; le second, M. Sauzet parla encore mieux.
« Tout le monde se disait : Ce pauvre M. Mesnard, si
« simple, si modeste, va être écrasé. Il prit la parole et
« ne s'écarta presque pas du ton simple de la conversa-
« tion. — On ne respirait pas pour pouvoir l'écouter, me
« disait ce soir madame N. — Il changea toutes les idées
« qu'on avait sur ce procès, et enfin, quand il eut fini,
« malgré le respect dû à la cour de justice, il fut applaudi
« avec enthousiasme. Pourquoi M. Mesnard n'est-il pas à
« la chambre? » (De Stendhal (Beyle), *Mémoires d'un
Touriste*[1].)

Au reste, M. Mesnard trouvait à Grenoble, si on peut
le dire, un climat moral et intellectuel où son talent pou-

1. Il est permis de rapprocher de ces paroles celles que le souvenir des
mêmes circonstances inspirait tout récemment à l'un des collaborateurs les
plus dévoués de M. Mesnard, aujourd'hui membre de la Cour impériale de
Grenoble. Cet honorable magistrat, dans une lettre adressée à la famille
de M. Mesnard, et qui n'était pas destinée à la publicité, s'exprime ainsi :
« Un procès de séparation de corps fut plaidé devant la Cour de Gre-
« noble par M. Hennequin et M. Sauzet, qui produisirent sur l'auditoire
« un effet prodigieux. Il semblait que l'admiration était épuisée et qu'il
« n'était plus possible de se faire écouter après eux. En prenant la parole,
« le procureur général exprima cette idée que l'éloquence avait terminé sa
« mission et que celle de la justice allait commencer. Il aurait pu dire :
« Et moi aussi je suis orateur! Tous les assistants le dirent pour lui. Ce

vait vivre, se développer et se manifester à l'aise. A une
sagesse pratique, qui ne se confond point avec ce culte
exagéré et cette âpre recherche des intérêts positifs où
s'abandonnent des races moins heureusement douées, et
séparées du Dauphiné par l'opposition morale encore plus
que par la distance matérielle, le caractère dauphinois
allie une indépendance et une vivacité d'esprit étran-
gères à ces périlleuses exaltations, à ces caprices pas-
sionnés, soudains et irréfléchis, naturels à des popula-
tions plus méridionales, et sous l'influence desquels les
cerveaux s'enflamment plus aisément et plus vite encore
que ne battent les cœurs. Incompatibles avec ces enthou-
siasmes peu sûrs qui ont leurs retours et laissent des
regrets, de telles dispositions se prêtent aux admirations
raisonnables et prudentes où l'on arrive moins vite, mais
d'où l'on ne revient pas. M. Mesnard en fit l'épreuve.
Aussi, lorsque, par ordonnance royale du 14 octobre 1836,

« fut la justice et l'éloquence tout à la fois se donnant l'une à l'autre une
« majestueuse splendeur. La magistrature de Grenoble se rappelle avec
« orgueil ce discours comme un de ceux qui ont le plus illustré notre
« parquet. »
Les détails suivants, relatifs à la méthode suivie par M. Mesnard dans
l'administration du ressort qu'il dirigeait, sont tirés de la même source :
« La vaste intelligence de M. Mesnard, son savoir, la vivacité surprenante
« de son esprit étaient constamment appliqués à la défense et au triomphe
« du droit et à donner du lustre au ministère public. Il éclairait de ses
« lumières, il électrisait de sa parole, et, en donnant l'impulsion, il com-
« muniquait une partie de sa force. Il ne voulait ni enlever aux procureurs
« du roi leur spontanéité et le mérite de l'initiative, ni compromettre en
« rien l'unité de direction dont il était responsable. Pour concilier cette
« double intention, il exigeait qu'en lui communiquant dès le début les
« affaires importantes, ses substituts exprimassent toujours leur avis. Les
« dissentiments, quand il s'en présentait, étaient résolus dans des discus-
« sions où il savait faire adopter ses vues, sans avoir besoin d'imposer son
« autorité. »

la direction du parquet de la Cour de Rouen lui fut confiée, tout en appréciant à sa juste valeur cette situation
nouvelle, où les satisfactions morales, qui furent toujours
les premières à ses yeux, ne devaient pas lui manquer,
la considération de ce qu'il allait chercher et de ce qu'il
était destiné à trouver ne put lui faire perdre de vue ce
qu'il était obligé de quitter. Quelques phrases de son discours d'installation témoignèrent de la persistance de ces
impressions [1]. Elle se révéla mieux encore dans le choix
qu'il fit de l'une des illustrations de l'ancienne magistrature dauphinoise [2] pour servir de sujet au plus important
et au plus largement développé de ses discours de rentrée [3]. Élargissant le cadre où il plaçait la sévère figure
de l'avocat général du parlement de Grenoble, M. Mesnard sut employer, pour caractériser ce grand mouvement intellectuel du XVIIIe siècle, où tant de bien et tant

1. « Nous venons du Dauphiné, de cette province où le sentiment de la
« nationalité est tout à la fois si ancien et si vivace, et qui, après avoir, du
« fond de ses riches vallées, donné le signal de notre grande révolution,
« conserva religieusement les nobles traditions de l'indépendance et de la
« liberté. »

2. Servan (Antoine-Joseph-Michel de), avocat général au parlement de
Grenoble.

3. La lointaine apparition d'une région préférée semblait avoir laissé son
charme et son reflet sur les lignes suivantes :

« ... Il (Servan) n'avait rien de ce qui pouvait faire réussir parmi les
« grands ; la cour et Paris l'effrayaient ; son Dauphiné le rappelait ; il
« refusa : sans doute il aimait bien qu'il se fît quelque bruit autour de son
« nom, mais il lui fallait en même temps du recueillement et de la soli-
« tude. Peut-être aussi (les âmes tendres ont de ces sortes de secrets) ne
« se plaisait-il à sa renommée que pour en jouir parmi les siens, au milieu
« de ce Dauphiné si impressionnable, qui avait applaudi à ses premiers
« succès, au sein de cette attrayante contrée que l'étranger lui-même ne
« laisse pas sans regret, en face de ces montagnes dont l'imposant aspect
« avait plus d'une fois sans doute inspiré son talent. »

de mal furent si étrangement mêlés, non-seulement une grande élévation de pensée et une irréprochable pureté de style, mais une mesure et une sagesse trop aisément oubliées de nos jours, lorsqu'il s'agit d'apprécier cette période de destruction et de rénovation pendant laquelle, au milieu de la fermentation d'éléments impurs et dangereux, se développaient des germes féconds destinés à rajeunir les institutions et les formes sociales, et à déposer au sein de la civilisation moderne, à côté d'avantages sûrement acquis, des espérances indestructibles.

Si M. Mesnard put donner dans cette œuvre la mesure de son talent d'écrivain, trois occasions particulières s'offrirent à lui pendant son séjour à Rouen de révéler sous des aspects très-divers la puissance et la souplesse de son éloquence. Ce fut d'abord, dans le courant de l'année 1836, un procès de presse qui lui permit de déployer toutes les ressources d'une parole incisive et spirituelle et d'un esprit plein de grâce; ce furent ensuite, au commencement de l'année 1838, les longs et tragiques débats auxquels donna lieu l'affaire des assassinats de Douvrend, Saint-Martin-le-Gaillard et Saint-Pierre-des-Jonquières. Plusieurs prêtres avaient été massacrés la nuit dans leur presbytère avec les gens de leur domesticité. Ces horribles attentats dont les auteurs ne pouvaient être découverts avaient répandu l'horreur et jeté l'épouvante dans tout l'arrondissement de Dieppe. La Cour royale de Rouen fut saisie de cette affaire, et, après une laborieuse instruction, des indices graves déterminèrent la mise en accusation d'une famille entière. Les longues et pénibles investigations que rendit nécessaires la recherche des coupables avaient été dirigées avec une rare sagacité par un collaborateur zélé de M. Mesnard, que ses éminentes qualités, reconnues de bonne heure par le chef sous les ordres duquel il se trouvait placé, devaient conduire aux plus hautes fonctions de la magistrature et de l'État[1]. Après avoir préparé les éléments multiples et complexes de l'accusation, il fut associé aux fatigues de l'audience par M. Mesnard, qui du reste s'en réserva sa part, et cette part fut large et brillante.

Rien ne manqua au succès du procureur général, de ce qui, dans les causes criminelles, consacre les vrais triomphes de l'éloquence judiciaire, ni ces commotions morales qui ébranlent l'âme des accusés comme pour leur arracher de vive force le secret de leur conscience, ni la frémissante horreur qui parcourut à diverses reprises l'auditoire, ni l'entraînement irrésistible exercé sur les convictions des jurés, et qui fit sortir de leur verdict une quadruple condamnation capitale, terrible satisfaction demandée au nom de la société et obtenue tout entière[2].

Cette même année, une grave question d'état se trouvait portée devant la Cour royale de Rouen[3]. Le représentant le plus éminent du barreau de Rouen[4] et l'un des

1. M. Rouland, alors substitut du procureur général à Rouen, aujourd'hui ministre de l'instruction publique et des cultes.

2. Une anecdote assez piquante se rattache au souvenir de ces émouvants débats. Au sortir de l'audience, un avocat, s'adressant à l'un des substituts de M. Mesnard, qui aujourd'hui occupe un siége élevé à la Cour de cassation, lui dit : « Le garde des sceaux devrait interdire à votre procureur « général le service des assises : son éloquence y est trop dangereuse. »

3. Affaire Delair et Deschamps.

4. Me Senard.

membres les plus illustres du barreau de Paris[1] figuraient dans cette cause qui excita au plus haut degré la curiosité publique. M. Mesnard y montra une profonde connaissance du droit que fit valoir une argumentation tout à la fois souple et serrée; il examina sous des points de vue variés et suivit dans leurs diverses sphères d'application les règles qui assurent au sein des familles des garanties certaines à la manifestation et à la conservation de droits précieux et sacrés, en même temps qu'elles défendent l'enceinte inviolable où ils s'exercent contre des intrusions arbitraires et illégitimes. Il établit notamment avec beaucoup de force les conditions dans lesquelles la règle salutaire *Pater is est quem nuptiæ demonstrant* conserve tout son empire; il en fit ressortir en ces termes les décisives conséquences : « La loi a parlé pour lui (le père); elle le « proclame père de l'enfant né dans le mariage et inscrit « sur les registres de l'état civil au moment de sa nais- « sance; son silence suffit; qu'il ne démente pas la loi et « tout est dit; nul ne peut quereller son silence qui n'est « qu'une ratification de la présomption de la loi, qui con- « sacre sa fiction, qui acquiesce à l'autorité de sa procla- « mation. Autant vaudrait s'attaquer directement à la loi « dont ici le mari n'est devenu que le muet exécuteur. « Son silence fait la loi de la famille; en vain l'évidence « de l'adultère ou de l'inceste entoure le berceau de l'en- « fant : la loi fait taire cette évidence si le mari ne la dé- « nonce pas. »

Remontant aux origines historiques de cet axiome et

---

1. M⁰ Teste.

suivant ses fortunes diverses à travers les temps, il montra d'une façon ingénieuse quelles modifications avaient dû apporter à sa primitive rigueur et les changements de la législation, et l'action plus lente et plus intime des mœurs. Il n'insista pas avec moins d'habileté sur la différence des conditions qui sont faites à l'action en désaveu et à la contestation d'état; enfin, là encore, il sut exercer cette puissance de vie et de mouvement qui lui avait été si largement départie et dont il était si prodigue [1].

Ces occasions rares et solennelles, qui, dans la vie militante du magistrat, sont comptées comme des actions d'éclat, permettaient à M. Mesnard de manifester dans leur plus beau jour les facultés supérieures de son esprit; mais, pour le connaître tout entier, il aurait fallu pouvoir le suivre dans les détails si nombreux et si compli-

---

1. Les fragments suivants du discours de M. le procureur général Mesnard ont été insérés dans le *Recueil des Arrêts de la Cour de Rouen* :

« Estelle Delair, vous demandez votre mère, vous l'appelez à grands cris; « mais, croyez-nous, ne faites pas tant de bruit autour de son cercueil; ne « la réveillez pas du lourd sommeil de la tombe. Prenez garde que, non « loin d'elle, dort aussi cet ami de son cœur qui vous donna le nom que « vous portez depuis vingt-deux ans. Craignez qu'à votre voix bien connue « il ne s'éveille aussi, et que si, répondant à un imprudent appel, elle vous « dit : « Oui, je suis ta mère, » il ne vous dise en même temps : « Je suis « ton père, » et il l'a dit en effet...

« Bénie soit la loi qui, dans ses fictions les plus exigeantes, ne vous com- « mande pas, Messieurs, de donner un démenti judiciaire à la conscience « publique! Bénie soit cette loi qui vous permet de ne pas laisser égarer « au front de l'adultère la belle couronne de la légitimité, et qui vous auto- « rise, au contraire, à donner ici à la morale une éclatante et solennelle « satisfaction!

« Car, ne vous y méprenez pas, cette société qu'on vous a dite légère, « sceptique et railleuse, cette société qui, au milieu de ses croyances attié- « dies, fait si bon compte, en apparence, dans sa littérature ardente et la « fable de ses drames, des violations de la foi conjugale, ne croyez pas que

qués que comporte l'administration d'un vaste ressort :
c'est là, dans cette partie des fonctions du ministère public
moins exposée aux regards, et qui relève avant tout de la
conscience, qu'il déployait une incessante activité et qu'il
apportait une infatigable vigilance; les instructions, soit
générales, soit spéciales, qui émanaient de lui furent con-
sidérées à bon droit comme des modèles. Mis en rapport
continuel avec les fonctionnaires soumis à sa direction,
par cette attentive étude de toutes les questions qu'il fallait résoudre et de toutes les nécessités auxquelles il convenait de pourvoir, il pouvait, avec un égal discernement,
distinguer et préciser ce qu'il croyait devoir demander au
zèle de ses subordonnés, et reconnaître ce qu'il pouvait
attendre de leur intelligence et de leur dévouement; il y
trouvait le double avantage de pénétrer à fond dans la

« pour cela elle ait perdu le sentiment de ce qui est éternellement juste et
« moral. Qu'à la place de ces fictions passionnées qu'accueille une molle
« complaisance, la réalité vienne à se présenter comme ici, sous son vrai
« nom, avec tout le sérieux de ses conséquences destructives de l'honneur
« et du repos des familles, et vous verrez que cette société, si frivole en
« apparence, retrouvera toute l'énergie de son indignation pour flétrir de
« semblables désordres. C'est qu'elle sent que la famille est le refuge des
« bonnes mœurs, et que si, dans cet asile, elles ne sont plus en sûreté, tout
« est perdu.

« Elle sent qu'au milieu de la corruption qui nous gagne, la justice doit
« redoubler sa vigilance et faire bonne garde sur les frontières de la famille
« pour empêcher l'adultère d'y introduire ses fraudes et ses mensonges.

« Elle comprend qu'il est juste que les fautes des parents soient, du
« moins quant aux intérêts matériels, expiées par leur postérité; qu'il est
« juste que, dans la participation aux prérogatives et aux avantages de la
« famille, une même destinée ne soit pas réservée aux enfants qui portent
« le sceau de la légitimité et à ceux qui ne doivent le jour qu'aux désordres
« d'une épouse infidèle.

« Voilà pourquoi elle applaudirait, Messieurs, à votre arrêt, qui peut être
« encore un beau monument élevé aux souvenirs abâtardis de la dignité du
« mariage et de la morale publique. »

pratique des choses et de se rendre un compte exact de
la valeur des hommes; et c'est en exigeant beaucoup de
lui-même qu'il apprenait le secret de connaître les autres
et de les employer à propos et à leur vraie place.

En 1841 commença pour M. Mesnard une nouvelle phase
de sa vie judiciaire. Le 12 octobre de cette année, il était
appelé à prendre place à la Cour de cassation avec le titre
de conseiller, en même temps qu'une seconde ordonnance
royale lui conférait la dignité de commandeur de l'ordre
de la Légion d'honneur. Sans perdre les habitudes intellectuelles qui avaient été développées et fortifiées chez lui
par une expérience déjà longue, M. Mesnard sut entrer
aisément dans l'esprit des nouvelles fonctions qu'il avait
à remplir. De la pratique du commandement et de l'exercice d'une autorité supérieure, il lui resta, dans l'étude
des affaires, une promptitude extrême à pénétrer jusqu'au
vif des questions; au milieu des discussions, une vivacité
toujours piquante, jamais blessante, qui tenait au tempé-
rament plus qu'au caractère, et où se mêlait à propos
une certaine bonne grâce brusque et sans apprêt, enfin, à
défaut du droit qu'il n'avait plus de prescrire à des subordonnés la marche qu'il fallait tenir, le privilége, souvent
exercé, d'indiquer à des collègues, à des égaux, la route
qu'il convenait de choisir, d'y entrer le premier et de s'y
faire suivre.

Dans des contestations toujours animées, souvent dra-
matiques, moins encore peut-être à raison de l'importance
des intérêts qui s'y trouvaient engagés et de la gravité
des questions qu'elles soulevaient, que par la nature des
juridictions où elles étaient portées et par le caractère des

discussions qu'elles autorisaient ou qu'elles provoquaient,
M. Mesnard avait su intervenir pour y porter toute la lu-
mière et tout le mouvement qu'elles pouvaient recevoir,
pour en tirer tout ce qu'elles renfermaient de vie et de
chaleur. Une grande sûreté de jugement, ce qu'il était
permis d'appeler une remarquable agilité de l'intelligence
et une heureuse adresse de l'esprit, l'éclat modéré et
contenu d'une imagination qui ne perdait jamais entière-
ment ses droits, l'aidèrent à prêter une animation singu-
lière, un relief saisissant, une couleur imprévue à des
matières examinées sous un point de vue plus abstrait,
pour humbles et pour arides qu'elles fussent; telles, par
exemple, les questions qui se rattachent aux servitudes
et aux actions possessoires, et qui, à l'occasion de débats
souvent mesquins, mettent en jeu des principes délicats
dont les déductions ont peine à se faire jour à travers les
incidents variés, les modes d'action, tantôt brusques et
interrompus, tantôt calculés et persistants, au milieu des
incertitudes, des équivoques, des conflits incessants qui
viennent fréquemment troubler la source, altérer le caractère, contrarier la manifestation et compliquer la preuve
des droits que la loi reconnaît à l'homme sur une part
considérable des biens qui sont susceptibles d'une appro-
priation matérielle.

Grâce à la position élevée où se trouve placée la savante
compagnie à laquelle appartenait M. Mesnard, et à raison
du principe même de son institution, c'est par la compa-
raison assidue de la volonté du législateur avec les déci-
sions rendues par les magistrats, que doivent se résoudre
les difficultés qui lui sont proposées; ainsi mise en contact

direct et en rapport intime avec la loi, les arrêts qu'elle rend empruntent à la loi elle-même quelque chose de sa froide et sévère majesté. Si l'office du juge, exercé dans de telles conditions, ne se confond point avec l'office du législateur, du moins l'intervalle qui l'en sépare semble s'amoindrir, et le passage est plus facile et plus naturel de l'un à l'autre. Aussi, lorsque, par une ordonnance royale en date du 23 septembre 1845, le titre de pair de France fut conféré à M. Mesnard, les travaux auxquels il avait consacré en dernier lieu ses efforts et par où s'était affermie chez lui l'habitude ancienne et constante d'éclairer l'application, de fixer l'interprétation, de ressentir et d'inspirer le respect des lois, lui rendirent facilement accessibles et bientôt familiers ces autres travaux qui ont pour objet de préparer et de fonder les monuments de la législation. Dans le courant de l'année 1846, il prit part à plusieurs discussions importantes, notamment à celle de deux projets de loi, l'un sur les eaux minérales, dont il fut rapporteur, l'autre sur les marques de fabrique, qui tous deux ne devaient arriver au terme de leur élaboration que plusieurs années après [1]. Dans les discussions auxquelles ils donnèrent lieu, M. Mesnard montra comment des connaissances pratiques approfondies peuvent s'allier aux considérations générales les plus élevées; il témoigna notamment de l'importance qu'il attachait, et qui doit être toujours conservée, à deux principes qu'il est de la sagesse du législateur de ne pas perdre de vue,

1. La loi relative à la conservation et à l'aménagement des eaux minérales porte la date du 14 juillet 1856; celle qui régit les marques de fabrique est du 23 juin 1857.

à savoir qu'il ne faut pas imposer légèrement des sacrifices considérables à la propriété privée, et qu'il n'est pas
bon que des libertés inoffensives soient soumises aux exi-
gences d'une réglementation inopportune ou exagérée. La
proposition de modifications à introduire dans la percep-
tion des droits d'octroi sur les bestiaux trouva M. Mesnard
également prêt à descendre dans les détails techniques
qui se rapportaient aux innovations particulièrement dé-
battues alors et à signaler les points par lesquels elles se
rattachaient à d'autres intérêts et à d'autres appréciations, spécialement à ces importantes questions d'appro-
visionnement et d'organisation du commerce de la bou-
cherie, qui, réservées à l'avenir, attendaient encore leur
jour et leur solution.

En 1847, pendant la discussion générale du projet de
loi relatif à l'enseignement et à l'exercice de la médecine
et de la pharmacie, M. Mesnard monta de nouveau à la
tribune pour faire valoir les services et pour revendiquer
énergiquement les droits des officiers de santé de la ma-
rine [1]. A l'occasion d'un autre projet, qui concernait le
chapitre de Saint-Denis, il avait prononcé un discours où
il s'expliquait sur la situation respective et sur les rapports nécessaires de l'Église et de l'État avec beaucoup
d'élévation dans la pensée et de netteté dans l'expression,
et que terminaient ces paroles frappantes par l'accent et
par le mouvement oratoire [2] : « L'épiscopat a ses fatigues;
« souvent nos vénérables prélats, arrivés à un grand âge,

1. Séance du 8 juin 1847.
2. Séance du 17 mai 1847.

« n'ont plus les forces qui répondent à leur zèle, à leur
« charité; ils ne savent pas où abriter *les restes d'une voix*
« *qui tombe et d'une ardeur qui s'éteint*. La loi leur pro-
« met un asile où leur dignité n'aura pas à souffrir; elle
« leur ouvre une retraite où ils auront encore à donner
« utilement l'exemple des vertus.

« Elle appelle à côté d'eux des membres du clergé infé-
« rieur qui profiteront de ces exemples et trouveront dans
« l'enseignement des hautes études, avec le germe de cette
« large et charitable tolérance qui fait aimer la religion,
« la puissance de talent qui en impose les dogmes et les
« vérités aux esprits les plus rebelles.

« Et puis n'est-ce pas une grande idée, une idée digne
« de celle qui a ressuscité Versailles, que de raviver les
« grands souvenirs que réveille la basilique de Saint-
« Denis, et de montrer que la France n'entend laisser
« tomber aucune des gloires, aucune des splendeurs de
« son passé? En vain on lui crie que la chaîne des temps
« a été brisée par les révolutions; elle ne peut pas le
« croire; elle a intérêt à conserver toute son histoire; elle
« est d'assez bonne maison pour ne pas renier ses an-
« cêtres.

« Ne sera-t-il pas bien aussi que la prière des vivants
« se fasse entendre autour de ces sépultures royales où
« trois grandes dynasties s'étaient assigné leur dernier
« rendez-vous, ne fût-ce que pour expier la fureur impie
« qui dévasta leurs tombeaux? »

La même année, M. Mesnard était nommé membre de
plusieurs commissions chargées d'élaborer des projets
relatifs aux irrigations, à la composition des cours crimi-

nelles dans les colonies, à l'établissement d'un chemin de
fer de Lyon à Avignon; mais il n'était pas réservé à la
Chambre des Pairs d'en poursuivre l'accomplissement.
Déjà le pays était livré à de graves préoccupations, et l'on
voyait se manifester les premiers symptômes d'une agita-
tion morale dont la signification et la portée originaires,
méconnues par ceux qui eurent l'imprudence de la nier
aveuglément, furent dénaturées par ceux qui résolurent
de l'exploiter avec une perfide habileté. M. Mesnard, dans
un discours qu'il prononça pendant la discussion du projet d'adresse, et qui reste comme l'un des actes les plus
importants de sa vie publique (séance du 10 janvier 1848),
s'efforça de restituer à ce mouvement de l'opinion son vrai
sens, d'en établir les causes réelles, d'en faire reconnaître
les tendances sérieuses, et de chercher dans les leçons du
passé les moyens de prévenir les périls d'un prochain
avenir. Il exprimait à la fois des vœux et des craintes :
ses vœux ne furent point écoutés, ses craintes furent trop
justifiées; et si, à la veille des événements qui se prépa-
raient, les loyaux conseils qu'il donnait n'eurent pas la
bonne fortune d'être suivis, par une triste compensation
ses paroles reçurent, le lendemain d'une révolution, et
conservèrent la valeur d'un enseignement instructif et
presque l'autorité d'une prophétie accomplie.

Loin des luttes politiques qui s'agrandirent et se trans-
formèrent, M. Mesnard concentra dans l'exercice de ses
fonctions judiciaires toute son activité et tout son zèle; ses
rares qualités n'échappèrent point au Prince qui, appelé
par le vœu de la France à la Présidence de la République,
s'empressa d'affermir les bases, un instant ébranlées, de

l'ordre judiciaire; son choix se fixa sur M. Mesnard lorsqu'il fallut pourvoir à la vacance du siége qu'avaient
occupé, à la tête d'une des chambres de la Cour de cassation, les Henrion de Pansey, les Zangiacomi et les Lasa-
gni[1]. M. Mesnard se montra digne de continuer des traditions illustres et respectées. Ce que furent, pendant
cette dernière période de son existence judiciaire, son
attitude et sa physionomie intellectuelles, quelle forme
y reçurent, quels tempéraments y subirent cette faculté
de direction et cette puissance d'initiative qui étaient
innées chez lui, il a été donné à un de ses collègues de
l'observer exactement et de l'exprimer avec bonheur[2].

M. Mesnard avait compris que le pays attendait beaucoup du Prince auquel ses destinées étaient confiées, et,
de son côté, le Président de la République savait que le
dévouement de M. Mesnard ne lui ferait pas défaut. Aussi,
lorsque, par une initiative énergique, et par l'appel fait
à la volonté nationale, le pouvoir qui allait se constituer
sous une forme nouvelle attesta qu'il avait la force, et

1. Décret du 14 décembre 1850.
2. Discours prononcé à l'audience de rentrée de la Cour de cassation, le
3 novembre 1857, par M. le premier avocat général de Marnas :

« ... Si dans la vie active du ministère public, sa parole a été heureuse
« jusqu'à l'éloquence, il fait preuve, sur ces siéges, d'un sens pénétrant
« jusqu'à l'intuition. Des rapports rédigés avec un style clair et sobre,
« développés avec une dialectique aussi sûre que féconde; une prodigieuse
« sagacité qui a compris, avant qu'ils soient exposés, les problèmes les
« plus compliqués du droit; la spirituelle bienveillance avec laquelle, com-
« patissant aux efforts, il attend les attardés; des arrêts où une netteté lim-
« pide s'allie à des appréciations réfléchies et élevées, si justes qu'elles ont
« la force des idées mûries, si correctes et si élégantes qu'elles ne semblent
« pas appartenir à l'improvisation, lui assignent un rang à part au milieu
« des magistrats éminents dont nous avons rappelé la mémoire. »

qu'il voulait avoir le droit de vivre et de durer, le nom
de M. Mesnard figura parmi ceux dont se composait la
commission consultative par laquelle le prince voulut être
assisté jusqu'à la réorganisation du Corps législatif et du
Conseil d'État [1]. Bientôt après, M. Mesnard était élevé à
la dignité de membre du Sénat et promu aux fonctions de
premier vice-président du premier corps de l'État [2]. Pendant la session ordinaire de 1852, qui eut une importance particulière, non-seulement par la nature des travaux dont le législateur dut s'occuper (sénatus-consulte
relatif à la dotation du prince, sénatus-consulte concer-
nant la Haute Cour de justice, etc.), mais encore en ce
qu'elle soumit à l'épreuve de leur premier développement
pratique le jeu des pouvoirs organisés par la nouvelle
Constitution, aussi bien que l'exercice des attributions
spécialement conférées au Sénat, M. Mesnard eut à plusieurs reprises l'honneur de diriger les délibérations du
grand corps auquel il appartenait. Dans l'étude des
hautes questions gouvernementales, il fut également
servi par la diversité des enseignements qu'il devait à
l'expérience et par la fermeté des convictions que mûrit
la méditation; car les solides alliances qui s'établissent
entre les uns et les autres ont même force et même opportunité, soit qu'il s'agisse de prononcer sur les prétentions les plus minimes et sur les intérêts les moins
relevés des individus, soit qu'il faille répondre aux be-
soins généraux des sociétés et régler la conduite des

1. Décret du 3 décembre 1851.
2. Décrets du 26 et du 28 janvier 1852.

grandes affaires humaines; ou plutôt ce sont les deux éléments essentiels dont l'équilibre doit se retrouver au fond de toutes les manifestations importantes de l'intelligence et de toutes les créations de la pensée, marquant et secondant à la fois la combinaison de la théorie et de la pratique, de ce qui est absolu et de ce qui est relatif, de ce qui appartient à des principes éternels et de ce qui relève de la nécessité des faits et des situations.

Une mission plus élevée encore attendait M. le président Mesnard. Lorsque l'opinion du pays eut exigé hautement que le pouvoir institué par elle retrouvât tout le prestige de son vrai nom, en même temps qu'il entrait en possession de toute la plénitude de son action, un projet de sénatus-consulte portant rétablissement de l'Empire fut présenté par dix membres du Sénat, qui se faisaient ainsi les interprètes du vœu manifesté de toutes parts. Le nom de M. le président Mesnard figurait au bas de ce projet, et lorsque le sénatus-consulte eut été adopté, c'est au premier vice-président du Sénat qu'échut l'honneur de le remettre, au palais de Saint-Cloud, entre les mains du Prince-Président[1]. Quelques semaines plus tard, c'est encore lui qui, le jour où fut présentée au chef de l'État la déclaration constatant le recensement général des votes et l'adoption du plébiscite soumis, les 21 et 22 novembre, à l'acceptation du peuple français, parut à la tête du Sénat, et fut l'organe de ce grand corps auprès du souverain, qu'il salua du titre d'Empereur des Français[2].

1. 7 novembre 1852.
2. 1er décembre 1852.

Pendant les années qui suivirent, M. le président Mesnard fut maintenu par la haute confiance de l'Empereur en possession des fonctions politiques qu'il avait exercées dans ces solennelles circonstances. Mais de tristes et impérieux motifs commençaient à lui faire paraître plus lourd et plus difficile à porter le poids de la vie publique. L'existence de M. Mesnard n'avait été qu'une lutte presque perpétuelle contre la maladie, et, de toutes les luttes qu'il avait dû soutenir, celle-là ne fut ni la moins persistante ni la moins remplie de périls, La marche du mal, quelquefois ralentie, souvent précipitée, jamais arrêtée, devenait de plus en plus significative. Obligé de circonscrire le champ ouvert jusqu'alors à son activité, ce fut à des études purement intellectuelles que M. le président Mesnard demanda de nobles délassements et de calmes occupations, et le hasard voulut que l'une de ses plus anciennes admirations littéraires lui donnât l'occasion et lui fournît le sujet du dernier travail où devait se fixer son attention. Pendant une journée de convalescence, il eut la pensée de rouvrir *l'Enfer* de Dante Alighieri : les beautés anciennes et toujours nouvelles de cette grande œuvre le frappèrent au point de lui inspirer l'idée d'en fixer quelques traits en les transportant dans la langue française. Il lut plus avant, il lut jusqu'au bout le poëme divin, et toujours la plume à la main ; ce qui avait été la distraction d'un jour devint un travail pris, quitté, repris au gré des hasards et des fréquentes surprises de la maladie, mais qui, souvent suspendu, ne fut plus abandonné. Les intermittences et la triste dépendance qu'il subit coûtaient beaucoup à l'auteur ; peut-être ne furent-elles point nuisibles à une œuvre qui se prêtait par sa nature à ces interruptions, à ces *recommencements* d'où pouvait sortir et d'où sortit en effet plus d'un perfectionnement et plus d'une retouche heureuse. Entreprise sans préméditation, consciencieusement poursuivie, elle arriva peu à peu à son terme. La place qui appartenait à la nouvelle traduction de *la Divine Comédie* lui fut assignée par des représentants éminents de la critique contemporaine[1].

Dans ce travail, littéraire avant tout, M. le président Mesnard put montrer sa profonde connaissance de la langue française, et comment il en comprenait et s'efforçait d'en maintenir la vraie dignité. La voyant menacée tout à la fois par les envahissements d'une phraséologie plus artificielle encore qu'artistique, et par la prédominance d'un vocabulaire emprunté aux applications scientifiques et industrielles, il comprenait que ceux qui l'aiment devaient travailler tout ensemble et à la dégager d'ornements douteux qui la compromettraient, et à la débarrasser de la surcharge d'un bagage encombrant; qu'elle voulait être défendue à la fois contre les excès d'un style trop pittoresque et contre l'abus de termes trop sèchement positifs; qu'enfin elle avait à gagner autre chose au contact des arts et des sciences que des facilités

1. M. Émile Deschamps dans le *Pays*, MM. Sainte-Beuve et Édouard Thierry dans le *Moniteur*, M. le comte Foucher de Careil dans la *Revue Contemporaine*, M. E. de Margerie dans l'*Univers*, M. Champollion-Figeac dans la *Revue Archéologique*, M. H. Cauvain, de regrettable mémoire, dans le *Constitutionnel*; enfin les articles que le *Journal des Débats* consacrait à l'œuvre de M. Mesnard, furent signés par M. Littré, membre de l'Institut, et par un jeune écrivain que la mort devait enlever, au milieu de l'éclat d'une pure et légitime renommée, bien peu de jours avant de frapper M. Mesnard, M. H. Rigault.

nouvelles ouvertes à l'alliance trop commune et trop commode de la vulgarité et des prétentions.

Au milieu de sa studieuse retraite, M. le président Mesnard était surpris par un nouvel honneur qui s'adressait aux mérites de l'écrivain autant qu'aux services et aux talents du jurisconsulte et de l'homme d'État. Lorsque l'Empereur, par son décret du 14 avril 1855, destiné à combler une lacune qui existait au sein de l'Institut, créa une section nouvelle sous le titre de *Politique, Administration et Finances*, le nom de M. Mesnard figura parmi ceux qui furent compris dans cette nouvelle formation.

Quelques mois après, d'honorables scrupules déterminèrent M. Mesnard à s'imposer un sacrifice pénible entre tous les sacrifices qu'une santé perpétuellement menacée exigeait de lui; il résignait ses fonctions de président de chambre à la Cour de cassation, et un même décret l'admettait à faire valoir ses droits à la retraite et lui conservait le titre de président honoraire [1]. Dans une haute pensée de bienveillance qui s'inspirait du désir d'apporter quelque adoucissement à de vifs et légitimes regrets, l'Empereur voulut que le moment que M. Mesnard avait assigné comme le terme de sa carrière judiciaire fût marqué par sa promotion à la dignité de Grand'croix de la Légion d'honneur, distinction suprême d'un Ordre dont M. Mesnard avait successivement parcouru tous les autres grades.

Une existence paisible et retirée n'avait rien qui effrayât

---

1. 16 novembre 1856.

M. Mesnard; de bonne heure il avait fui les vains hon-
neurs du monde, et le passage suivant d'un discours prononcé par lui bien des années auparavant [1] semblait à
l'expression d'une vérité générale prêter l'accent d'un
sentiment et d'un regret personnels : « ... Ainsi, quand
« l'amour de l'étude, l'austérité de ses mœurs, les charmes
« d'une vie tranquille et ignorée, et peut-être aussi le dés-
« abusement des illusions du monde, invitent le magis-
« trat à la retraite et à la solitude, des nécessités de po-
« sition l'appellent à l'activité de la vie publique, et le
« forcent à assister, spectateur intéressé, aux faits domi-
« nant de l'époque et à en suivre le drame dans les hautes
« et brûlantes régions de la politique. »

Que la parole fût une puissance, M. Mesnard le savait,
et ceux qui avaient assisté à ses succès d'audience en
eurent la preuve; qu'elle pût être un charme, il le comprenait aussi, et le petit nombre d'amis qui pénétrèrent
dans son intimité le connurent; mais, en dehors des luttes
de la vie publique où une domination légitime lui appartient, en dehors de ce cercle de la famille et des sûres
affections où de charmantes et douces influences lui sont
réservées, M. Mesnard faisait à la parole cet honneur de
croire qu'elle ne devait pas facilement condescendre à de
vulgaires usages ni se livrer à de frivoles emplois.

Malheureusement M. Mesnard eut à supporter plus que
la retraite, plus que la solitude : il lui fallut vivre en
société avec la maladie; il lui fallut subir, outre cette

---

1. Audience solennelle de rentrée de la Cour royale de Grenoble, 11 novembre 1833.

captivité du corps exigée comme une condition de salut,
la captivité plus dure d'un esprit opprimé par les souf-
frances et les inquiétudes. Parfois encore l'esprit parve-
nait à secouer ses chaînes, et alors, à voir reparaître et
s'agiter cette intelligence si vive, on se prenait à ima-
giner qu'elle trouverait en elle-même assez de force, soit
pour subvenir à l'affaiblissement des organes qu'elle ani-
mait, soit pour maîtriser leurs rébellions ; on espérait du
moins le retard du dernier sacrifice et la prolongation de
cette vie si restreinte, si dépourvue de jouissances, même
des plus simples, de celles qu'il est le plus facile d'obtenir et le plus honorable de rechercher, mais ce fut encore une illusion. Les cruels accidents qui, à diverses
reprises, avaient signalé les progrès du mal, reparurent,
et pour la dernière fois. La médecine fut impuissante à
conjurer un péril qu'elle s'était montrée jusqu'alors habile à écarter. M. le président Mesnard sentit la vie se
retirer de lui peu à peu ; depuis trop longtemps il était
habitué à voir la mort errer autour de l'horizon de plus
en plus borné de ses jours pour qu'il se sentît surpris ou
ébranlé, lorsqu'il connut qu'elle s'avançait vers lui. D'ail-
leurs cette intelligence austère, cette imagination féconde,
avaient ouvert un égal et facile accès aux belles espérances d'une saine philosophie et aux immortelles assu-
rances d'une religion dont l'autorité apparut plus grande
et dont les consolations devinrent plus précieuses à M. Mesnard, à mesure qu'il approchait du terme fatal.

M. le président Mesnard s'est éteint le 24 décembre
1858, après avoir demandé (et ce fut l'une de ses der-
nières préoccupations terrestres) que ses restes mortels

fussent transportés à Viroflay, près de la demeure qu'il
s'était choisie depuis quelques années, où s'étaient écou-
lés ses derniers beaux jours, et où sa santé malaisément
défendue, son existence sourdement minée, ranimées en
vain pendant quelques instants, avaient décliné insensi-
blement avec la saison et avec l'année, tandis qu'au plus
profond de son âme et de ses pensées s'étendait l'ombre,
chaque jour élargie, des pressentiments suprêmes.

Paris. — Imprimerie de J. CLAYE, 7 rue St.-Benoît.

www.ingramcontent.com/pod-product-compliance
Lightning Source LLC
Chambersburg PA
CBHW051749050726
47598CB00003B/1406